BILLY
Y LOS MINI
MONSTRUOS

AF276697

LOS MONSTRUOS
VUELVEN AL COLE

Ilustraciones:

ZANNA DAVIDSON · MELANIE WILLIAMSON

Este es Billy...

Billy era un niño normal y corriente con una vida normal y corriente hasta que **UNA NOCHE** descubrió cinco

MINI MONSTRUOS

que vivían en su cajón de los calcetines.

Babas

Pelos

Colmillos

Capitán Mocos

Napias

Les salvó la vida y los monstruos
prometieron quedarse para siempre.

Te juramos,
por nuestros pelos,
mocos y colmillos,
fidelidad eterna.

Más tarde,
al mudarse
de casa,
encontró
otro más.

¡Hola! Soy
Moquitos
Brillantes.
¿Jugamos?

Lo que estaba claro es que a Billy
le cambiaron la **VIDA**...

Sumario

Capítulo 1
Los nervios

"¡Uf!", pensó Billy. Las vacaciones
de verano se estaban terminando.
Ya solamente faltaban **dos días**
para VOLVER AL COLE.

Su madre andaba muy atareada revisando los **uniformes.** No le iba a valer ninguno del año pasado.

¡También necesitas zapatos!

"¿Y qué son todos estos **agujeros** en los calcetines? No se salva ni uno".

"Los míos no tienen agujeros", dijo Ruby, la hermana de Billy.

Mañana tenemos que ir a comprarte ropa sin falta.

"Esto... Creo que también necesito un estuche nuevo", añadió Billy.

"Vale, lo anoto en la lista", suspiró su madre con resignación.

¡Billy! ¡La corbata!

Lista de la compra para Billy

* pantalón del uniforme
* camisa del uniforme
* jersey del uniforme
* zapatos del uniforme
* corbata del uniforme
* estuche

Cuando la madre y la hermana de Billy se marcharon de su cuarto, los **mini monstruos** salieron del cajón.

"¿Te has comido tú los calcetines y la corbata, Colmillos?", dijo Billy.

No pude contenerme... Están tan RICOS.

"¿Tienes ganas de volver al colegio, Billy?", preguntó con curiosidad Napias.

"Por un lado tengo ganas..., pero por otro me muero de **nervios**", les confesó. "He hecho una lista de todo lo que me preocupa".

ME PREOCUPA...

1. que no me guste
el uniforme porque pique
y esté muy tieso al ser
todavía nuevo.

2. que me compren un estuche muy feo,
en vez del que quiero, que es chulísimo.

Estuche ideal

Estuche con el que
probablemente acabe

3. que me toque doña Úrsula de tutora.
La gente dice que lanza RAYOS LÁSER
por los ojos y te pulveriza...,

y que cuando se enfada, se le hinchan tanto las narices que parecen dos AGUJEROS NEGROS capaces de succionar a un niño enterito.

4. que Toni acabe en otra clase. Siempre nos sentamos juntos. ¿Y SI NOS SEPARAN este curso? Eso sería lo peor de todo.

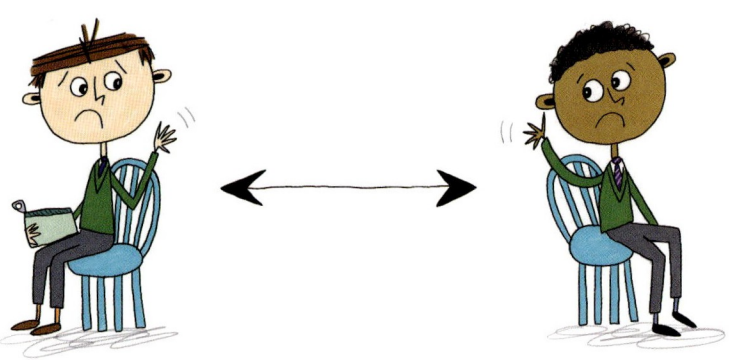

"Seguro que todo sale bien, Billy",
quiso tranquilizarlo Babas.
"Eres **FUERTE** y **VALIENTE**",
declaró Moquitos Brillantes.
"¡Muchas gracias!", respondió
Billy, algo más aliviado.

Estoy leyendo un libro
que trata de pensamiento
POSITIVO. Tiene frases
como esta:

El mundo
te necesita.

¡ES CIERTO!
¡El mundo
me necesita!

Billy se fijó entonces en Pelos,
que parecía muy triste y callado.

"¿Qué te pasa, Pelos?", preguntó
al monstruito rosa.

"Yo también quiero ir al colegio",
balbuceó en respuesta.

"¡Uf! La última vez que vinisteis
fue un auténtico **desastre**...".

Pelos, tú te quedaste encerrado dentro de la jaula del hámster...,

Napias se cayó en una olla...

¡PLAS!

y Babas acabó en la cabeza del profe.

Lo tenía más que claro. Los mini monstruos no iban a volver al cole con él. Aun así, quería levantar el ánimo al bueno de Pelos.

"¡Ya sé!", exclamó Billy de pronto. "Voy a hacer **un colegio para MINI MONSTRUOS**".

¡Me podéis ayudar!

¡Bieeeen!

Esa misma mañana...

¿Y si viene también la mini monstruita que vive con Toni?

¿Cómo se llamaba ese monstruo de jardín? ¿MUSGO?

Me pido ser el director del colegio.

¿Y qué vas a enseñar?

Cómo lucir una capa con garbo.

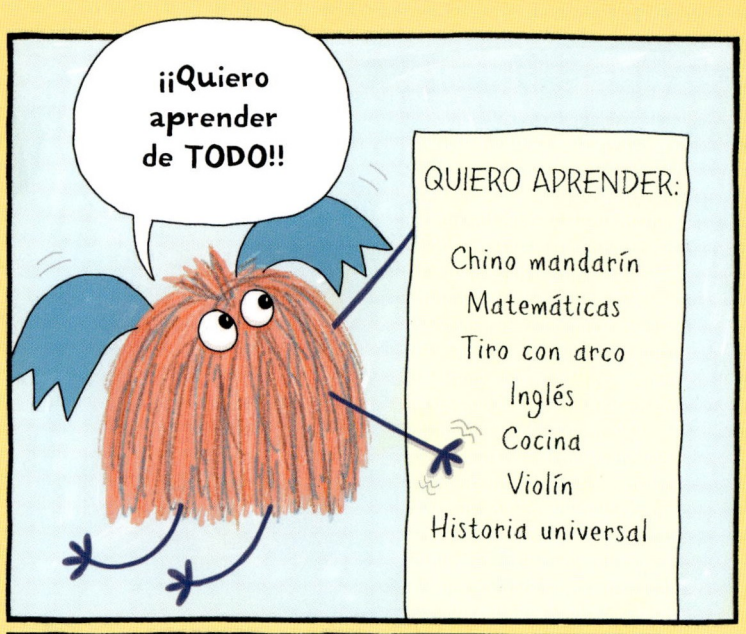

Yo me encargo de diseñar los uniformes. Tengo varias ideas que son **LO MÁS**. Ya veréis.

A mí me vendría **muy** bien aprender a **NO COMER** calcetines y corbatas, aunque lo desee con todas mis fuerzas.

19

Capítulo 2

De compras

A la mañana siguiente, Billy
y su madre salieron de compras.
Billy invitó a los **mini monstruos**
a que los acompañaran.

¡A la mochila
de Billy!

Primero fueron a la tienda de uniformes escolares. Allí su madre le compró dos de todo: pantalón, camisa, jersey y corbata.

¡Me queda ENORME!

"¡Te queda perfecto! Si no, en dos días te estará otra vez pequeño", zanjó su madre. "Todos lo llevaréis grande, ya verás. No te preocupes".

Billy vio en la tienda a otro niño que compraba el mismo uniforme, aunque el suyo, **curiosamente**, no le quedaba como **diez tallas** más grande.

¡Hola! Creo que su hijo va al mismo colegio que el mío.

¡Eso parece! Se llama Álex y es nuevo.

"¡Hola!", saludó Billy. "A lo mejor nos toca en la misma clase. ¿Estás nervioso por ir a un colegio nuevo?".

"¡Para nada!", le aseguró Álex. "¡Tengo **muchísimas** ganas!".

Después de comprar el uniforme,
Billy y su madre se encaminaron
a una papelería, donde vendían
estuches de diseños **espectaculares**:

uno con forma
de bebé marciano
y boca de cremallera,

uno con forma
de balón de fútbol,

uno de **superhéroe**
con **un montón de**
compartimentos,

uno con forma
de bólido y ruedas
de verdad...

y, la estrella de la papelería:
el estuche con el que Billy
SIEMPRE había soñado.

De pronto, vio que Álex también
estaba en la papelería y tenía los ojos
clavados en el **MISMO** estuche.

"Lo siento, Billy", le dijo entonces su madre. "Todos esos estuches son demasiado caros".

Como siempre los acabas perdiendo, mejor te compro este más barato.

Bueno, vale.

"Estas compras están resultando un **desastre**", pensó Billy. "Estoy peor que antes, porque ahora tengo dos preocupaciones más".

ME PREOCUPA...

5. que todos se rían de lo feo
   que es mi estuche nuevo.

6. que se rían aún MÁS de mí
   por llevar un uniforme que
   le serviría a un gigante.

Después de pagar, cuando Billy fue a guardar el estuche nuevo en la mochila, se dio cuenta de que los **mini monstruos**... ¡NO ESTABAN!

Un rato antes...

¡Exploremos esta tienda!

¡Mirad qué reglas más flexibles!

¡Pinnn!

Ahí voy

PELUCHES

28

Capítulo 3
Desaparecidos

Billy no veía a los mini monstruos
POR NINGUNA PARTE.

Pues ya podía añadir otra GRAN PREOCUPACIÓN a la lista:

ME PREOCUPA...
7. que los MINI MONSTRUOS se hayan perdido para SIEMPRE.

Nada más llegar de nuevo a casa, Billy fue a ver a su vecino, Toni, para contarle lo sucedido.

Su amigo estaba fuera con Musgo, la **mini monstruita** que había encontrado en el jardín.

"Seguro que los **mini monstruos** consiguen regresar a casa", aseguró Musgo tras oír el relato de Billy.

"¡Pero esa papelería está **MUY MUY** lejos!", se lamentó Billy.

Ya sabes que son muy espabilados. No te preocupes.

Billy recordó las ocasiones en que los **mini monstruos** lo habían encontrado después de perderse.

Babas logró escapar del desagüe de la piscina...

y se subió a lomos
de un mono del zoo.

Napias
se zafó de
una gaviota.

Moquitos Brillantes
salvó al capitán Mocos
de una máquina de reciclaje.

Supongo que
se las arreglarán...
Son **muy** listos.

"Oye, Toni, ¿estás nervioso por la vuelta al cole?", preguntó Billy mientras jugaban al fútbol.

"¡Qué va! ¡Tengo **MUCHAS** ganas! Y voy a llevarme a Musgo a clase". le comentó Toni.

36

"Será la primera vez que vaya al colegio con **MI PROPIA** mini monstruita", continuó.

Esa tarde, Billy volvió a su casa un poco **enfadado**.

Dispuesto a olvidarse de todo
un rato, Billy se puso a construir
el **cole de los mini monstruos**.

Hizo las aulas con
cajas de zapatos,

mesas y sillas
de cartón...

y dibujó carteles
para las paredes.

JUEGOS

ÑAM   menú

LIBROS

MUNDO

ARTE

Aun así, a Billy le costó lo suyo conciliar el sueño esa noche. ¿Y si no volvía a ver a los mini monstruos **nunca más** en su vida?

¿Dónde
andarán?

43

Capítulo 4
El primer día

Nada más poner los pies en el cole, Billy supo que el primer día iba a ser un **DESASTRE**.

Nadie llevaba un uniforme TAN enorme como el suyo...

y nadie tenía un estuche ABURRIDO.

Además, Toni estaba en una clase distinta.
Lo habían puesto con don Pepe, que era
muy bueno y contaba chistes graciosos.

Él, por desgracia, estaba en la clase de
doña Úrsula y
sus TREMENDAS
NARICES.

¡Auxilio!

El pobre de Billy pensó que con
esos infortunios ya habría cubierto
de sobra su cupo de mala suerte,
pero se **EQUIVOCABA**.

45

Álex, el niño nuevo, empezó
a gastarle bromas sobre
el uniforme...

y el estuche.

Todos se partían de la risa. Billy estuvo a punto de echarse a llorar, pero entonces se acordó de lo que le había dicho Moquitos Brillantes.

"SOY fuerte y valiente", pensó Billy. "No voy a permitir que Álex se ría de mí y me haga llorar".

En ese preciso momento, Billy vio algo muy **EXTRAÑO**...

El estuche de Álex empezó a **andar** por el pupitre. Mientras los niños se reían, llegó hasta el borde...

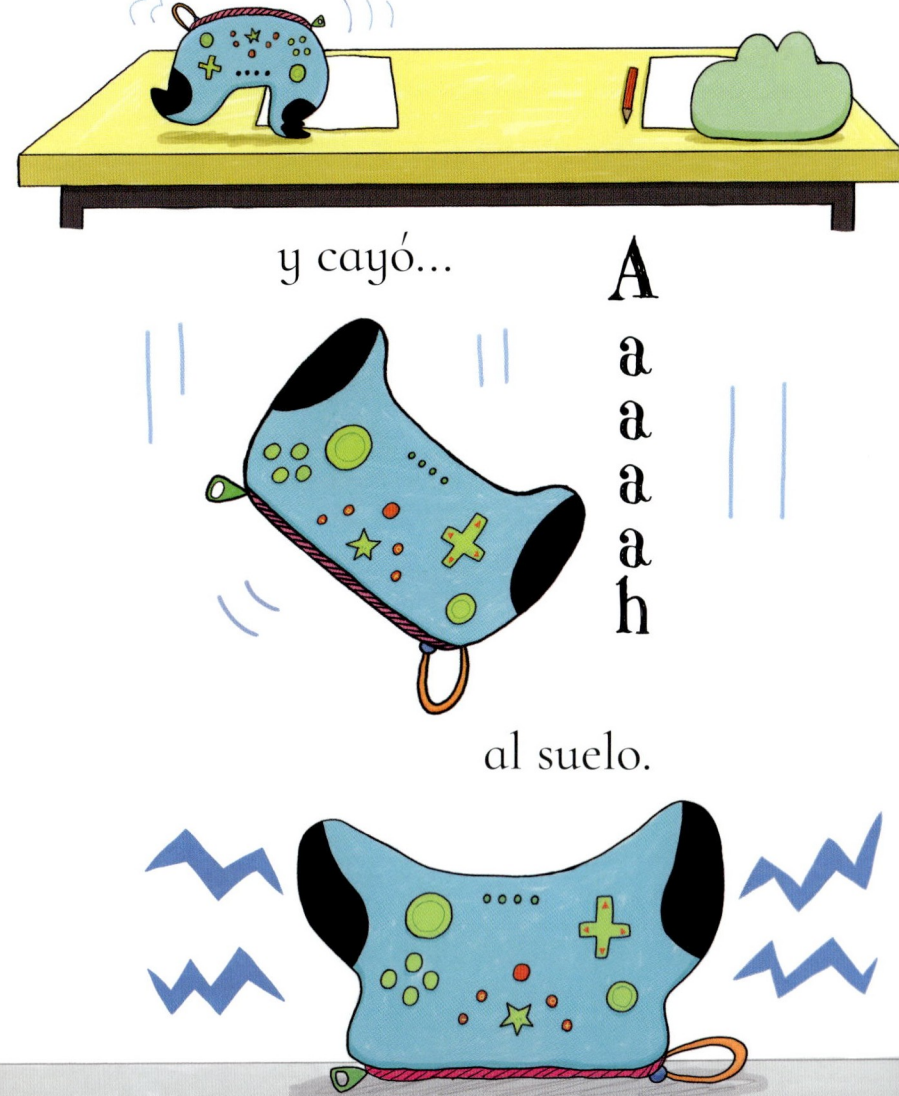

y cayó...

A a a a a h

al suelo.

Una vez allí, el estuche siguió **"caminando"** por el suelo hacia el pupitre donde estaba Billy.

Por último, de un **SALTO**, se metió dentro de su **MOCHILA**.

¿Será un estuche mágico?

¿Será un estuche con control remoto?

¿O serán los **MINI MONSTRUOS**?

49

De pronto, Álex dejó de reírse
y echó un vistazo a su pupitre.
"¿Quién me ha quitado el estuche?",
preguntó a **viva voz**.

A Billy se le cortó la respiración.
¿Cómo iba a explicarlo?

Billy se encontró con la mirada láser de doña Úrsula puesta sobre él.

A los pocos segundos, vio que se le hinchaban sus **TREMENDAS** narices. ¿Lo iba a succionar?

Unos minutos antes, dentro del estuche...

Tenemos que llegar hasta Billy.

Es demasiado peligroso. ¡Seguro que nos ven!

¿Y si nos metemos dentro de su mochila sin salir del estuche?

Tenemos que dar saltitos en esa dirección.

53

55

Capítulo 5
El niño nuevo

"¡Abre la mochila ahora mismito, Billy!", ordenó doña Úrsula.

"¡No, no, por favor!", pensó Billy. Estaba seguro de que el estuche y los mini monstruos estaban **dentro**.

Barajó las opciones posibles:

a) **ABRO** la mochila y doña Úrsula cree que
HE ROBADO el estuche y encima encuentra
a los **MINI MONSTRUOS** y los **SUCCIONA**
con sus narices.

b) **ME NIEGO** a abrir
la mochila y me arriesgo
a que doña Úrsula me
fulmine con la mirada.

O

c) Me invento algo para **DISTRAERLA**.

"Pero ¿cómo la distraigo? Ahora
mismo, no se me ocurre nada".

De repente, se oyó un GRITO
y la puerta de la clase se ABRIÓ
de par en par. Se trataba de
don Pepe y tenía la cara verde.

"Úrsula, hay un **MONSTRUO** diminuto en mi clase", anunció. "¡Ven corriendo a verlo!".

"¡Oh, no!", pensó Billy, mientras sus compañeros corrían a la puerta. "¡Seguro que han pillado a Musgo!".

Álex y Billy se quedaron solos en la clase. Billy vio, por el rabillo del ojo, que los mini monstruos se apresuraban a salir del estuche. ¡Qué listos son!

"Billy, me has quitado el estuche, ¿verdad?", lo acusó Álex.

"Yo no he sido", le aseguró Billy. "¿No es ese que está en el suelo?".

¡Anda!

En ese momento, Billy se acordó de que en su antiguo colegio había aprendido que los abusones son así porque suelen tener **miedo** a algo.

¿Por qué te has burlado de mí delante de los compañeros?

¿Te daba miedo cómo iba a ser el primer día en un colegio nuevo?

Álex se quedó muy callado y luego asintió.

Pensé que, si todos se reían de ti, a mí me dejarían en paz, aunque sea el nuevo.

"Perdóname", continuó.
"No volveré a burlarme de ti".

Álex agarró su estuche y se lo dio a Billy. "¿Por qué no te lo quedas? Nos los podemos cambiar".

Billy sonrió. "Muchas gracias, pero me acabo de dar cuenta de que, en realidad, no lo quiero".

67

Capítulo 6
El mini cole

Cuando Billy y Álex entraron en el aula de al lado, se encontraron a don Pepe rascándose la cabeza.

"Venga, todos al patio", dispuso doña Úrsula. "Pepe, tú y yo tenemos que hablar ahora mismo...".

Ya fuera, Billy descubrió a Toni rebuscando entre las flores que había debajo de las ventanas.

Toni se metió disimuladamente en el bolsillo a Musgo para evitar que la viera nadie más.

"Yo también he encontrado a
mis mini monstruos", dijo Billy.
"¡Qué bien!", repuso Toni con
una sonrisa poco convincente.

"La verdad, hoy no está
siendo un buen día".

"Creía que nos iba a tocar en la misma clase", continuó Toni.

"Menos mal que en el recreo sí que nos veremos", señaló Billy.

Y, después del cole, también podemos jugar los dos juntos.

"Cierto", dijo Toni más animado.

"¿Sigues siendo MI MEJOR AMIGO?".

"¡Pues claro!", sonrió Billy.

El padre de Billy vino a recogerlo del colegio ese día.

Toni vino con Musgo después de merendar, y Billy enseñó a los **mini monstruos** su cole nuevo.

"¿Qué clase tendremos primero?",
preguntó Pelos.

"¡Pensamiento POSITIVO!",
declaró Billy. "Esa es la primera
lección que he aprendido hoy.
Moquitos Brillantes, ¿nos lees
ese fragmento de tu libro?".

De repente, se oyó un grito en las escaleras.

¡Billy!

Era su madre.

Los mini monstruos se escondieron justo cuando abría la puerta.

"¿Se puede saber qué le has hecho al uniforme viejo? Iba a llevarlo a la tienda de segunda mano".

¿Cómo me explicas semejante escabechina?

Babas susurró algo al oído de Billy mientras su madre se volvía.

"¡Mamá!", repuso Billy. *"Gracias a los errores, aprendo y crezco".*

"¿En serio, hijo?", suspiró su madre con resignación al salir del cuarto.

¡Cuánto se aprende en el gran colegio de los mini monstruos!

Conoce a los MINI MONSTRUOS

CAPITÁN MOCOS →

COMIDA FAVORITA: mocos

PODERES:
brilla en la oscuridad.

FACTOR DE SUSTO: 5/10

← BABAS

COMIDA FAVORITA: tarta

PODERES:
muy flexiiiiiiiiiiiible.
Es capaz de tragarse
sus propios ojos y luego hacerlos
reaparecer en otro lado del cuerpo.

FACTOR DE SUSTO: 4/10

COLMILLOS →

COMIDA FAVORITA:
calcetines, corbatas,
papel. Bueno, todo
lo que encuentre.

PODERES:
colmillos enormes

FACTOR DE SUSTO: 9/10

NAPIAS

COMIDA FAVORITA: queso

PODERES: pedos
de lo más pestilentes,
con olor a queso rancio

**FACTOR
DE SUSTO: 7/10**

(teniendo en cuenta
los pedos)

PELOS

COMIDA FAVORITA: mosquitas

PODERES: vuela
(pero no mucho).

**FACTOR DE
SUSTO: 0/10** (a menos que te den miedo
las cositas pequeñas y peludas)

MOQUITOS
BRILLANTES

COMIDA FAVORITA:
purpurina y mocos

PODERES:
lanza nubes
de purpurina.

**FACTOR DE
SUSTO: 5/10** (a menos que te dé
miedo la purpurina rosa)

MUSGO

COMIDA FAVORITA:
chocolatinas

PODERES:
sobrevive al aire libre
en cualquier clima
y sabe camuflarse
entre el musgo.

**FACTOR DE
SUSTO: 4/10**
(si no te la esperas)

Redacción de la colección:
Lesley Sims y Becky Walker

Diseñadora de la colección: Brenda Cole

Diseño de la cubierta: Hannah Cobley

Traducción: Gemma Alonso de la Sierra